IL A ÉTÉ TIRÉ DE CET OUVRAGE :

Cinq cent quinze exemplaires numérotés et signés.

5 exemplaires sur papier du Japon (1 à 5)
avec une triple suite de l'eau-forte.

10 exemplaires sur papier de Hollande (6 à 15)
avec une double suite de l'eau-forte.

500 exemplaires sur alfa (16 à 515).

N° 

BIBLIOTHÈQUE DU VIEUX PARIS

A. ROBIDA

L'Ile de Lutèce

ENLAIDISSEMENTS ET EMBELLISSEMENTS
DE LA CITÉ

Ouvrage orné d'une eau-forte
et de vingt-deux croquis de l'auteur

PARIS-IXe
H. DARAGON, ÉDITEUR
30, rue Duperré, 30

M D CCCC V

BIBLIOTHÈQUE DU VIEUX PARIS

A. ROBIDA

L'Ile de Lutèce

ENLAIDISSEMENTS ET EMBELLISSEMENTS
DE LA CITÉ

Ouvrage orné d'une eau-forte
et de vingt-deux croquis de l'auteur

PARIS-IXe
H. DARAGON, ÉDITEUR
30, rue Duperré, 30

MDCCCCV

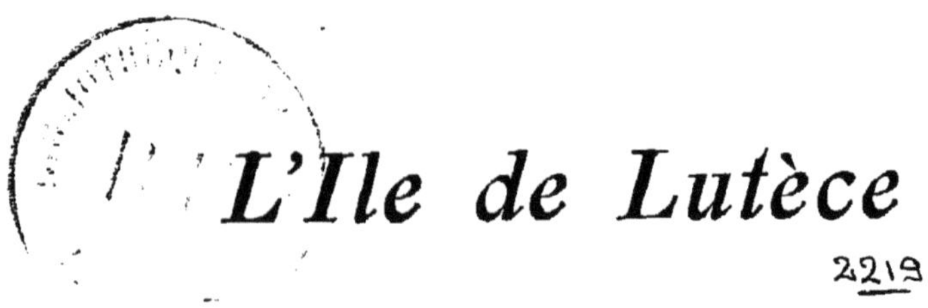

L'Ile de Lutèce

Lutèce.

I

L'ILE-VAISSEAU

Puisque aussi bien, d'année en année, ce qui fut proprement le Vaisseau de Lutèce, la vieille île parisienne, que deux mille ans de souvenirs devraient rendre sacrée, se transforme au grand détriment de l'art et de l'histoire, se banalise outrageusement, s'alourdit de gigantesques pâtés de maisons de rapport, sous lesquels gisent écrasés tous les derniers débris, les suprêmes vestiges des gloires du passé, — remparts gallo-romains, églises, chapelles, cloîtres, hôtels et vieux logis; — puisque, sauf Notre-Dame et le Palais, de tout ce qui fut l'antique quartier de la Cité, il ne reste plus que de vagues morceaux à demi enfouis et enlisés ou menacés de disparaître, nous pouvons bien, devant l'enlaidissement qui menace de tout submerger autour de Notre-Dame, rêver à notre tour de transformations plus respectueuses des vieux souvenirs, moins dédaigneuses de l'Art d'autrefois et des grands aspects de l'île parisienne, — berceau et symbole de la grande ville, point central de la vieille France, — auréolée par tant de siècles d'annales glorieuses.

Jadis, avant la construction du Louvre, tous les fiefs de France relevaient du donjon du Palais en la Cité, grosse tour située derrière la Grande Salle, et plus haute que celles de la Conciergerie, donjon appelé Tour Montgommery après qu'il eut servi de prison, lors des guerres de religion, à Gabriel de Montgommery qui tua Henri II au tournoi des Tournelles. Tout relevait de la Cité, premier noyau de ce pays lentement formé, la Cité est donc beaucoup plus qu'un simple quartier de Paris, et elle appartient à tous.

Esquissons des projets, faisons des propositions.

Il y a toujours des projets en l'air destinés à s'évaporer en nuages, en flocons de fumée que le vent effiloche tout de suite, comme aussi des projets qui s'entassent dans des cartons pour y dormir un éternel sommeil.

Mais dans le nombre il y en a qui sortent un beau jour de ces cartons-catacombes, et ce sont quelquefois les plus mauvais. Cela s'est vu souvent, cela se voit et se verra encore.

Cependant il faut bien constater aujourd'hui un véritable renouveau artistique en d'autres capitales, en d'autres pays, un retour de la sève d'autrefois, des belles époques créatrices.

Le XIXe siècle eut une manière de concevoir la beauté des villes équivalant au plus horrible *embourgeoisement*, — Pardon, rayons ce mot qui pendant des siècles ne mérita point d'avoir un sens ridicule, et disons à la plus lamentable banalisation, — par le rabotage de tous les édifices et la chasse aux accidents pittoresques, à tout ce qui accentuait et différenciait la physionomie des quartiers...

Mais cette longue maladie, après avoir ravagé plus ou moins toute l'Europe civilisée — plus, on peut le dire, de notre côté — semble maintenant se modérer. Les accès sont moins violents de jour en jour ; on les combat avec vigueur quand ils se manifestent et l'on peut tout de même avoir quelque espérance d'un retour à une meilleure santé esthétique.

Certes, les médecins officiels n'en sont pas encore à proscrire l'ennuyeuse et scélérate ligne droite, le cruel alignement, la froide symétrie, le quadrillage à l'équerre des rues et des places; ils n'en sont pas à penser que l'imprévu et le pittoresque peuvent, ou plutôt doivent dans une mesure convenable, être introduits dans les plans, — mais on défend les restes du passé mieux qu'autrefois, avec une énergie plus désespérée à mesure qu'ils se font moins nombreux, si bien que, somme toute, pour les vieilles beautés qui survivent encore, pour celles que le siècle n'a pas eu le temps d'attaquer à fond, il y a maintenant quelques chances de continuer à subsister.

Pointe de la Cité au xve siècle.

II

VINGT SIÈCLES D'HISTOIRE AU CINÉMATOGRAPHE

Ce qu'on appelle aujourd'hui prosaïquement le quartier de la Cité, c'est Lutèce, la vieille cité gauloise, la petite île où lentement, dans les roseaux et les oseraies, une bourgade se constitua, peuplée de bateliers surtout, ou de braves gens qui cultivaient des champs en arrière des marécages de la rive droite, ou soignaient des vignes sur les coteaux de la rive gauche, humble village, alors que depuis longtemps des cités bien plus importantes s'élevaient sur le territoire des tribus gauloises.

C'est la Lutèce qui, les Romains venus en Gaule, défendit vaillamment son rempart de clayonnages, puis, gagnant en importance avec le temps, de village devint une petite ville entourée d'une muraille sur tout le pourtour de l'île, reliée aux rives par deux ponts de bois défendus chacun par une tour et un ouvrage avancé.

C'est la Lutèce gallo-romaine, qui, les Romains tombés à leur tour, gagne encore en importance sous les rois Francs, la Lutèce Mérovingienne commençant à déborder sur les deux rives, à pousser des faubourgs sur la route du nord ou sur celle du sud, vers la montagne Sainte-Geneviève, quartier riche formé autour du Palais de Julien, des Thermes, des Arènes et de la caserne des Légionnaires que représente notre Luxembourg.

Pendant bien des siècles encore, à l'horizon de leur île, les Parisiens verront les légumes pousser dans les jardins de terre ferme, sur le sol où passe aujourd'hui la rue de Rivoli, où commence le quartier du Marais, et les moissons jauniront au loin vers nos boulevards actuels. Pendant des siècles sur les pentes des collines du nord, de Montmartre mont de Mars ou mont de Mercure, des buttes de Belleville et de Ménilmontant, des vignes produiront un vin probablement médiocre; des chevreuils ou des cerfs échappés des halliers sauvages de la forêt de Rouvray, destinés à devenir les élégants massifs des Champs-Elysées, viendront boire à quelque frais ruisseau s'attardant sous la verdure, dans un coin solitaire que l'Opéra de Garnier recouvrira un jour.

Ce Paris Gallo-Romain possède déjà des monuments : Au levant, à la pointe de l'île, son église n'est déjà plus le temple de Jupiter élevé pendant l'occupation romaine et n'est pas encore la cathédrale Notre-Dame. Au couchant s'élève le Palais des préfets romains devenu le Palais des rois Francs, que Clovis habita et dans lequel très probablement eut lieu l'égorgement des enfants de Chlodomir, par ordre de leurs oncles Clotaire roi de Soissons et Childebert roi de Paris.

Ainsi dans cette île-berceau de Lutèce où Paris vient de naître, Cathédrale et Palais, les deux monuments que tous les siècles vont voir, les deux seuls monuments qui restent aujourd'hui de la vieille Cité, sont dès la première heure sur le même point. Transformés, agrandis, à la même place, quand tout disparaîtra autour d'eux, ils demeureront, comme le château de poupe et le château de proue qui se dressent à l'avant et à l'arrière du vaisseau symbolique des Nautes, dans le vieil écusson de Paris.

Sur la Seine, les sons rauques des trompes normandes ont retenti. Au loin en aval, le ciel est rouge, les villages brûlent, les drakkars et les serpents de mer, les barques à proue relevée aux bordages défendus par des boucliers, s'avancent chargées de guerriers. L'île supporte courageusement toutes les horreurs d'un siège terrible ; sur les vieux remparts gallo-romains, sur les tours élevées à la hâte, les Parisiens combattent et repoussent assaut sur assaut.

Paris grandit et se développe. Ses faubourgs des deux rives en font déjà une ville importante. Les rois de France ont construit sur la rive droite leur château du Louvre et entouré la nouvelle ville d'un rempart destiné à être reculé chaque fois que Paris prendra de l'embonpoint. Tout change autour d'elle, mais l'île reste comme une cité à part. Elle s'est transformée aussi. A l'Eglise primitive des Mérovingiens, que précédait un temple de Jupiter dont on a retrouvé un autel en 1711, une église romane dédiée à la Vierge a succédé ; enfin le XIIe siècle voit commencer cette cathédrale illustre et superbe, qui depuis bientôt huit siècles apparaît au commencement et à la fin de chaque chapitre de l'histoire de France, pour les entrées royales ou autres pompeuses cérémonies, joyeuses ou funèbres.

Dorénavant la Cité est pourvue de sa magnifique décoration gothique, le navire a son château de poupe, la cathédrale merveilleusement ouvragée par les grands architectes du XIIIe siècle. A l'avant, la nef parisienne élève aussi un château de proue tout neuf, plus sévère, palais guerrier qui profile dans l'or des soleils couchants la silhouette hardie de ses tours et le découpage de ses nombreuses tourelles. C'est le Palais que saint Louis et Philippe-Auguste ont élevé sur l'emplacement consacré par le Palais des préfets gallo-romains, auquel avait succédé un château du roi Robert.

Ce Palais, à travers toutes les bourrasques et tempêtes de l'histoire, à travers séditions et révolutions, à travers les envahissements et les batailles, les massacres et les incendies, les écroulements et les transformations, dans le sang, la poudre, la flamme et le papier timbré, parviendra jusqu'à nous, modifié sur beaucoup de points, mais toujours superbe aussi, tant que dureront la svelte tour de l'horloge, les poivrières de la Conciergerie aux souvenirs sinistres, et la Sainte Chapelle, coffret miraculeux ciselé pour Saint-Louis par Pierre de Montreuil, et la flèche aérienne pointant dans le ciel toute chargée d'anges, lesquels auraient vraiment de là-haut vu trop de choses s'ils étaient aussi du XIIIe siècle.

Notre-Dame n'est pas seule dans l'île. Elle a tout un cortège d'églises et de chapelles qu'elle domine de sa masse colossale et de ses grosses tours, une douzaine et demie de clochers et de minces flèches ardoisées, dont les clochettes tintent respectueusement comme des voix d'enfants de chœur, quand ses grosses cloches parlent, quand le célèbre gros bourdon élève la voix. Car elles sont dix-huit, les églises de la Cité pressées dans l'étroit espace qui s'étend de Notre-Dame au Palais.

Il y a Saint-Jean-le-Rond, au pied de la tour du nord, sous le porche duquel étaient exposés les enfants abandonnés — celui qui devient d'Alembert fut un de ceux-là —, Saint-Pierre-aux-Bœufs, Sainte-Marine qui n'avait qu'une douzaine de paroissiens, Saint-Aignan, Saint-Christophe, Saint-Denis-du-Pas, Saint-Landry, Saint-Denis-de-la-Chartre, bâti sur l'emplacement d'un temple payen sur l'autel duquel Saint-Denis décapité à Montmartre rapporta sa tête, Saint-Symphorien, Saint-Luc, église de la corporation des peintres, la Magdeleine, Sainte-Geneviève-des-Ardents où les reliques de Sainte-Geneviève guérissaient les Parisiens du *Mal des Ardents* vers l'an mille, Sainte-Croix-de-la-Cité, Saint-Germain-le-Vieux, Saint-Eloi, Saint-Martial, Saint-Pierre-des-Arcis, et Saint-Barthélemy...

Ce n'est pas tout encore, car le vieil Hôtel-Dieu semble bien avoir comporté deux chapelles, une à côté de l'entrée, sur le parvis Notre-Dame même, et une autre devant le Petit Pont, la chapelle Sainte-Agnès au joli portail gothique.

Cela ne forme pas encore le compte des édifices religieux de la Cité. N'y a-t-il pas au midi de la cathédrale, le palais de l'archevêché, l'évêché jusqu'au XVIIe siècle, lequel aligne sur la Seine les hautes murailles à contreforts de sa grande Salle où l'Assemblée, quittant Versailles en octobre 1789, vint tenir ses premières séances parisiennes, pour y discuter justement, ironie des choses, la confiscation des biens du clergé; outre cette Grande Salle l'archevêché a divers bâtiments plus une chapelle et un donjon carré qui serait une assez belle tour, s'il n'y avait à côté la haute masse de Notre-Dame.

A la rescousse, Sire !

III

CE QUE LA CITÉ A COUVÉ

Et cet étroit espace de l'île, qui constitue *la Cité* proprement dite, dans Paris divisé en *Ville*, *Cité* et *Université*, forma véritablement le point central de la France pendant des siècles.

Sur la rive gauche, dans l'Université, sur les pentes de la Montagne Sainte-Geneviève, pays des couvents et de collèges, on prie et on étudie ; sur la rive droite, dans la Ville, on travaille. Dans l'île, on gouverne, tant que les rois n'ont pas construit leur Louvre d'en face, et encore tous les grands actes de la royauté continuent par la suite à être datés de la Cité. Le Roi y a son *Conseil,* son *Parlement,* comme il y a ses *Chartes,* ses armoires à papiers et titres, dans le petit édifice qui s'élevait à gauche de la Sainte Chapelle, relié à elle par un passage, et qui était au rez-de-chaussée la Sacristie et au-dessus le Trésor des Chartes. Et le Roi, en outre de son armoire à papiers dans la merveilleuse bâtisse du XIIIe siècle, a sa *Chambre des Comptes* à côté, le bel édifice bâti par Louis XII, un bijou de la dernière époque gothique détruit par l'incendie en 1737.

Lorsque le Roy au retour de Reims a passé solennellement à Notre-Dame, il vient en la célèbre grande salle du Palais banqueter avec les Princes, les Chevaliers et les dames, avec le Prévôt de Paris et les Echevins, devant le populaire admis à contempler et coudoyer, à presser et quelque peu étouffer la Cour. Lorsque le Roy a présenté la Reine nouvelle à Notre-Dame, il vient encore banqueter en la Grande Salle, de même lorsqu'il reçoit quelque hôte de marque, Empereur ou roi. Le Roy tient ses lits de justice à côté de la Grande Salle, en la non moins fameuse Chambre dorée.

Avant de s'en aller dormir son dernier sommeil dans les funèbres caveaux de Saint-Denis, le Roy revient encore en la Cité, non pas au Palais cette fois, mais à Notre-Dame, pour les funérailles solennelles.

Peut-on passer indifférent devant ce vieux Palais, impressionnante masse, sombre entassement de hautes murailles, de toits lourds, avec des tours à la physionomie cruelle, dressant sur leurs poivrières des girouettes, qui semblent des hallebardes méchantes. — Tant de secrets terribles entassés et accumulés, tant de formidables souvenirs qu'il ne faut pas réveiller ! Tous les crimes des siècles aboutissant ici depuis que le Palais des Rois est devenu le Palais des Juges, — cris de révolte, lamentations de prisonniers à la gehenne, sanglots de victimes, blasphèmes de criminels, les pierres entendent mais ne répètent pas.

L'enclos du Palais est vaste ; sur la rive Nord, la Seine borde une majestueuse ligne, c'est le bâtiment de la Tournelle, c'est la tour Bonbec, où se trouvait la Salle de la Question, qui donnait *bon bec* même aux plus entêtés à ne pas parler ; puis ce sont les tours d'Argent et de César encadrant le grand guichet de la Conciergerie et la Grand' Chambre, le bâtiment des cuisines de Saint Louis et la Tour de l'Horloge.

Sur les autres faces, autres lignes de murailles crenelées flanquées de tours, dressant de hautes tourelles çà et là, renfermant des édifices de toutes grandeurs et de toutes destinations, véritable petite ville de gens de robe, — royaume de la Basoche et Empire de Galilée — pays de la paperasserie et de la fiscalité, au-dessus duquel la Sainte Chapelle s'élève le plus possible, très haut, très haut, pour se dégager des réalités disgracieuses et désagréables.

Berceau de la Royauté, la Cité fut aussi le berceau de la — ou plutôt des Révolutions. Car elles sont toutes parties de ce petit coin de Paris, de ce minuscule morceau de France, les révolutions qui ont bouleversé la France et quelquefois le monde, mis sens dessus dessous la Nation française et allumé de son incendie la maison des voisins. Cette petite île fut un volcan à colères fréquentes, dont la grande éruption de 89 a simplement transporté le cratère ailleurs.

Ceci ne veut pas dire que la bonne ville de Paris ait jamais fait toute seule une révolution, car il y aurait bien à discuter là-dessus. Les Français sont le peuple le plus essentiellement gouvernable qui existe et les Parisiens, depuis Lutèce, ont toujours été de bons garçons, bien incapables de séditionner méchamment tout seuls, contrairement à la réputation qu'on leur a faite.

Tout le long de l'histoire on le voit clairement. La Commune de 1358, les luttes entre les Armagnacs et les Bourguignons, ce sont les princes voisins du trône qui les ont suscitées et qui, restant plus ou moins à la cantonade, ont fait mouvoir les premiers et les seconds rôles, Etienne Marcel, Jean

Les Royautés se suivent,...

Maillart ou Caboche, lesquels entraînaient les comparses et le peuple.

La Très Sainte Ligue est l'œuvre de MM. de Guise et de Henri III lui-même. Pour la Fronde, c'est le Parlement qui collabore avec les Princes et les Princesses. La grande Révolution a été faite complètement par Louis XVI, 1830 par Charles X, 1848 par Louis-Philippe. Quant à la révolution du 4 septembre, elle est arrivée tout faite de Sedan.

En résumé, si la poussée n'était venue d'ailleurs, si des gouvernants incapables n'avaient faibli sur les guides, si certains rois ne s'étaient amusés à scier eux-mêmes les pieds de leur trône, très certainement aucune de ces révolutions ne se serait faite ou parachevée.

Moins de tergiversations, moins d'intrigues à la Florentine, et la Ligue ne naissait pas. Quelques cavalcades, arquebusades et pistoletades tout au plus, pour faire mieux circuler le sang, pour offrir un jour de distraction aux dames, et voilà toute la Fronde ; — une bouderie momentanée, chez quelques messieurs de droite ou de gauche si Louis XVI avait su agir, montrer quelque fer meté tout en réalisant les quelques réformes nécessaires, et déjà bien en train, et nous faisions l'économie de 89, de 93 et de la suite, et de la suite de la suite qui continue à se dérouler.

Economie de vingt-cinq années de guerres, de trois millions et demi de Français — selon les chiffres officiels au-dessous de la réalité — et de tout autant de braves Européens des alentours du Volcan, pour ne parler que de ceux qui périrent sur les champs de bataille.

Une pichenette donnée à temps par le père de famille, et le vilain enfant restait sage.

Les graves historiens prétendent que cette grande Révolution devait arriver parce qu'elle est arrivée. Cette voiture a versé, donc elle devait fatalement verser. Disons plutôt que si elle avait eu un cocher à poigne solide elle eût roulé sans accident, — et roulerait bien encore.

Est-ce que Louis XIV, une fois homme, a vu aucun essai de révolution?

Est-ce qu'on a bronché sous Napoléon, l'empereur à la grande faux, qui fauchait et refauchait avec régularité les générations, inscrites toutes au fur et à mesure qu'elles avaient la taille pour ses carnages?

Les véritables auteurs des révolutions ne les ont pas signées, mais peu importe, c'est en ce quartier de la Cité qu'elles ont commencé, c'est dans les chambres hautes, les galetas d'une partie du Palais qui avait survécu aux incendies de 1618 et de 1871, qui avait en dernier lieu été la Préfecture de Police et servi de prison aux otages, mais qui malheureusement a depuis été démolie, qu'à la révolution de 1358, dans l'envahissement du Palais, Etienne Marcel avait fait abattre à coups de hache aux pieds du dauphin Charles, les maréchaux de Champagne et de Normandie.

A la journée des Barricades de 1588 la bataille a commencé dans la Cité, sur la place du Marché-Neuf devant Saint-Germain-le-Vieux, où les troupes royales, troublées par des ordres contradictoires, ont commencé à plier. La Ligue ensuite a promené dans la Cité ses processions de moines des couvents, cuirassés sous le froc, pot en tête, la hallebarde ou l'arquebuse au poing, commandés par leurs prieurs ou par les curés des paroisses. Ils allaient par les petites rues, par les ponts chargés de maisons, s'arrêtant de temps en temps pour ouïr des commandements militaires ou des sermons enflammés des prédicateurs fameux, pour faire des exercices ou tirer des salves, au grand danger des curieux édifiés et arquebusés.

Voilà un épisode pittoresque entre tous, mais qu'on a quelque peine à se représenter sur les froides places rectilignes et dans les architectures tirées à l'équerre où se désole aujourd'hui l'âme du passé, errante et persécutée, odieusement chassée de partout.

La Fronde, soixante ans après la Ligue, ne vint-elle pas réveiller ces souvenirs, aux mêmes endroits, dans les mêmes rues de la vieille cité. Elle commença rue Saint-Landry, lorsque Comminges vint arrêter Broussel. Le carrosse dans lequel Comminges enlevait son prisonnier, faillit ne pas dépasser la rue des Marmousets où la première barricade fut faite par les clercs d'un notaire, charmés de la distraction, avec les bancs et tables de leur étude.

C'était une révolution de gens de robe, basochiens et saute-ruisseaux devaient s'y jeter les premiers.

Puis, toutes les cloches de la Cité mises en branle pour le tocsin, toutes les vieilles hallebardes de la Ligue reparurent, les colichemardes antiques vinrent d'elles-mêmes s'accrocher aux flancs des boutiquiers, organisés par M. le Coadjuteur en une Garde Nationale avant la lettre, où il avait ses bataillons sédentaires et ses bataillons de guerre, avec son régiment de Corinthe.

Et voilà pour quatre ans de séditions, de troubles et d'intrigues. Ce sont les années triomphales du Pont-Neuf, lequel en outre de ses baladins et charlatans, de sa cohue habituelle de badauds et tire-laines, voit les princes et les dames empanachées et embaumées, cavalcader joyeusement, faire des grâces et passer de si belles revues des troupes parisiennes.

La Révolution, elle aussi, appartient à la Cité par son origine, puisque ce sont des désaccords et des tiraillements entre le Parlement et les Ministres qui amenèrent la Convocation des Etats Généraux et mirent le feu à l'énorme poudrière. C'est encore du Palais que l'étincelle est partie. La France saute et l'Europe sursaute.

Les jours sinistres viendront. En 92 toute la Cité se sentira secouée jusque dans ses plus vieilles pierres, lorsque tonneront d'heure en heure à l'esplanade du Pont-Neuf, les canons d'alarme proclamant la Patrie en danger. Puis le spectre de la mort planera, toujours affamé, toujours inassouvi pendant deux ans, sur le Palais, sur la Conciergerie archi pleine, bondée dans tous ses cachots, dans les sombres galeries sous la grande salle, dans toutes les tours, la funèbre Conciergerie d'où, le tribunal révolutionnaire fonctionnant en haut, tirera les charretées quotidiennes pour la guillotine.

La Cité c'est un œuf immense couvé par le destin. Dans cet œuf il y avait bien des choses.

La puissance royale en est sortie, la monarchie est née dans ce Palais, une puissance rivale y est née aussi, le Parlement qui fut pouvoir législatif avant d'être dépossédé et réduit à son rôle simplement judiciaire. Une troisième puissance qui devait déposséder les deux autres, la Presse, enfant terrible mis au monde par le médecin Théophraste Renaudot, en la Maison du Grand Coq en 1631, la Presse, reine des foules, boulangère de la pensée quotidienne, qu'une puissance supérieure, impassible, sourde à tout ce qui n'est pas tintement métallique — l'Or, Plutus imperator, dictateur moderne, domestiquera un jour pour en faire un instrument de règne.

La Victime.

IV

DERNIERS DÉBRIS

De la vieille Cité d'autrefois, que reste-t-il à l'heure actuelle, qu'a-t-on laissé pour parler aux Parisiens des vingt siècles d'histoire de leur île, vingt siècles qui valent bien les quarante des Pyramides pour l'importance mondiale des événements?

Il reste Notre-Dame et le Palais avec la Conciergerie et la Sainte-Chapelle ; il reste un tout petit morceau de la place Dauphine, le groupe de maisons en pierres et briques qui encadre l'entrée de la place, en face de la statue du roy Henry, groupe sérieusement menacé de démolition en ce moment, paraît-il, ce qui serait un acte de vandalisme inouï, une blessure de plus à la Cité, une balafre si grave qu'elle la défigurerait totalement et définitivement de ce côté.

Le XIXe siècle n'a donc pas assez enlaidi ? Le petit XXe veut achever l'œuvre.

Le cri d'alarme est poussé, Charles Normand et les Amis des Monuments Parisiens mobilisés protestent avec véhémence, et la commission du Vieux Paris doit intervenir. Si on ne les entend pas, qu'ils fassent des barricades — pour une fois Ventre Saint-Gris ! le motif serait bon et Henry IV descendrait les aider !

Déjà quand le passant du Pont des Arts instinctivement se tourne vers la Cité et cherche ces grands monuments de l'histoire où battait le cœur de la Vieille France, il n'aperçoit plus derrière le roi Henry, à cheval sur le terre-plein du Pont-Neuf, et les deux dernières maisons de la Place Dauphine, qu'un écran de laideurs, de gigantesques pignons et sur les toits une formidable armée de tuyaux de cheminées au port d'armes, se démanchant dans tous les sens, par pelotons et bataillons grotesques, chevalerie de tôle que le pauvre Béarnais a l'air de passer en revue.

Derrière toute cette fumisterie haut perchée on ne distingue plus grand'chose; un peu du couvercle des lourds bâtiments des tribunaux, un soupçon de flèche indiquant la Sainte-Chapelle et un petit morceau de la partie supérieure d'une grosse tour laissant deviner que là-bas se cache Notre-Dame.

Si l'on enlève encore les deux derniers pavillons d'entrée de ce qui fut la Place Dauphine, pour interposer d'autres hautes bâtisses et d'autres pelotons de tuyaux de cheminées, c'est tout à fait fini de cette pointe occidentale de l'Ile de Lutèce, et de la vue des grands monuments de la Cité, tout à fait fini de ce terre-plein du Pont-Neuf, formé des deux petites îles de Bucy ou des Vaches et de la Jourdaine soudées ensemble, et qui fut, avec son Cheval de Bronze portant le bon roi Vert Galant, le paysage caractéristique d'une époque, le centre mouvementé de la vie parisienne pendant tout un siècle, sous Louis XIII, la Fronde, et Louis XIV, le rendez-vous des seigneurs dessinés par Callot et Saint-Igny ou par Abraham Bosse, des bourgeois et du populaire, des belles dames, des tire-laines, des mendiants, des bretteurs à longue colichemarde, des poètes crottés et affamés, des gazetiers, des gens de lettres de l'Académie de M. le Cardinal de Richelieu, tous venant badauder devant les tréteaux des charlatans, vendeurs d'orviétan, montreurs de marionnettes, bateleurs, chanteurs de ponts-neufs, colporteurs de mazarinades, arracheurs de dents, tréteaux joyeux de Mondor, de Tabarin, de Carmeline, qui font concurrence au théâtre de l'hôtel de Bourgogne, tout en lui préparant des acteurs, comme Molière qui probablement y débuta dans les farces destinées à égayer et retenir les chalands.

Ainsi disparaîtraient les dernières fenêtres ayant vu tout cela et contemplé la vieille Tour de Nesle en ses derniers jours.

Le Pont-Neuf d'aujourd'hui est loin d'avoir cette animation picaresque, on n'y passe plus, on le traverse et notre époque est moins bigarrée. Il a tort le vieux dicton qui affirmait qu'en portant les yeux sur n'importe quel point du Pont-Neuf, on voyait toujours un moine, une fille, et un cheval blanc.

Sur les trois il manque déjà le moine, et le cheval est en train de finir.

Puisque cet ensemble décoratif que formait le triangle de pierres et briques de la Place Dauphine n'a pas eu l'heureuse fortune de la Place Royale, sa contemporaine du Marais, il s'agit de préserver au moins le pauvre petit morceau qui subsiste.

Il reste quoi encore? Presque rien, bien peu de choses. Du cloître Notre-Dame, quelques débris de

La Cité au XVIIe siècle.

—

Pointe du Pont-Neuf.

maisons canoniales, débris défigurés et disparaissant l'un après l'autre ; une haute tour du xve siècle dénommée on ne sait pourquoi la tour Dagobert, au fond d'une cour adjointe aux magasins de quincaillerie de la Maison Allez frères, tour qui ne contient qu'un escalier, mais qui dépassait fortement tous les toits du cloître, et portait peut-être un fanal pour éclairer le port Saint-Landry, simple supposition d'archéologues cherchant une raison d'être à cette tour énigmatique comme son nom.

Des petites églises aucune trace, sauf un morceau de la chapelle Saint-Aignan, deux travées de bas côtés qui servent d'écurie à une maison de la rue Basse-des-Ursins n° 9. Et c'est tout.

Aucune trace du vieil Hôtel de la famille de Juvénal des Ursins qui se trouvait près de là et dont la Seine baignait le pied, comme à beaucoup de maisons du cloître, dont les jardins en terrasses mettaient quelques notes vertes en bordure de la Seine.

Aucune trace des vieilles et fameuses rues de la Cité, de la rue de la Calandre, c'est-à-dire des calendreurs de drap où se trouvait, à l'enseigne du *Grand Coq*, la demeure de Théophraste Renaudot, créateur de la presse en France. Un logis à tout faire, puisque Renaudot, médecin, y avait son cabinet de consultations gratuites, sa pharmacie, son Bureau d'adresses et sa Gazette de France. Aucun vestige de la rue des Marmousets, célèbre par maintes légendes, entre autres celle du pâtissier associé avec un barbier son voisin qui lui fournissait, aux dépens de ses clients, la chair de pâtés merveilleux, délices des gourmands de Paris. La maison dite d'Héloïse et d'Abélard, c'est-à-dire le logis du chanoine Fulbert, au cloître, a disparu de nos jours sous une de ces hautes maisons de rapport très respectables, certes, mais qui détruisent tout ce qui restait encore de pittoresque à la rive Nord-Est de la Cité.

Disparue la rue de Glatigny, disparu le fameux *Val d'amour*, un joli nom évoquant les rues Chaudes, les truandailles et ribaudailles du plus lointain moyen âge. — C'était vilain, mais il y avait possession d'état depuis si longtemps qu'on en peut parler sans rougir, et d'ailleurs les horribles repaires, successeurs des clapiers moyenageux, les maisons sinistres et noires à tournure de coupe-gorges ne méritent aucun regret, nous ne les mentionnons que pour le pittoresque du souvenir. Bien entendu ce n'est pas avec ce qu'il en restait de sombres bâtisses lépreuses et dépenaillées que l'on pouvait se représenter les rues joyeuses du XVe siècle, et lorsque Gargantua en son voyage à Paris *fut contrainct de soy reposer sus les tours de l'Eglise Nostre-Dame*, la vue devait être plus belle.

Certainement tout ce quartier avait vieilli, il

était sombre et malade, mais peut-être pas incurable ; l'âge lui avait enlevé les grâces qu'en son bel âge, avant l'encombrement, il pouvait montrer. Certainement le Cloître habité par les chanoines, avec les jardins tranquilles, regardant vers la place de Grève mouvementée, vers l'île Notre-Dame ou Saint-Louis et le Pont Rouge, devait avoir un autre aspect et plus de gaîté que les sombres débris aux murs moisis et déjetés que le siècle a pu voir.

Et tous ces gens du Parlement habitant les vieux hôtels voisins, n'auraient pas mis quelques siècles à déménager si la vieille *Cité* n'avait pas eu quelque agrément.

Peu à peu les logis des chanoines ou des gens de robe avaient pris de l'âge, il était venu s'accrocher à toutes ces maisons des bâtisses parasites, des constructions accessoires ; on avait exhaussé, on avait démoli et rebâti ; les laides façades à fenêtres symétriques, à ventres bombés, des XVIIe et XVIIIe siècles, remplaçaient les pignons gothiques à poutres taillées et ymages sculptées, l'enlaidissement de la misère et de la vieillesse transformait de sages et honnestes rues bourgeoises en infâmes ruelles; caboulots et *tapis francs* — un nom venu jusque sous Louis-Philippe rappeler les maisons de jeux clandestines de la Régence — déshonoraient quelquefois les enseignes respectables de cabarets où, sous le grand Roy, gens de robe, gens de lettres et gens d'épée ne dédaignaient pas de fréquenter, et dont Molière, Racine, Boileau comme bien d'autres, appréciaient, après un tour au Pont-Neuf, la salle joyeuse et le vin frais.

Le malheureux XIXe siècle a démoli et enlaidi. Il faut cependant à sa décharge, en ce qui concerne les monuments, avouer qu'il les avait trouvés en triste état, après les lamentables années de la grande Révolution qui, de 1790 à 1815, se donna de la dévastation à cœur joie et à pioche que veux-tu, à travers les édifices dont la vieille France était couverte.

Elle dévasta et ravagea d'une façon à la fois sauvage et bête. Hélas, on guillotine les chefs-d'œuvre comme on peut. S'il fallait relever toutes les affectations étranges, les emplois baroques et incroyables des plus beaux et des plus vénérables des édifices de Paris et d'ailleurs : Cabarets et bals, greniers à foin, fabriques de salpêtre et de poudre, magasins à farines, marchés aux grains ou aux bestiaux, abattoirs. Ce qu'il advint des richesses mobilières, des merveilles délicates accumulées dans les intérieurs au cours des âges, il est facile de le deviner.

Hé! hé! nous voyons en ce moment Notre-Dame, *Immeuble Communal*, qui sait, une étape encore, et nous verrons sur le portail, la loi le prévoit, « *Cathédrale à louer* » au plus offrant pour n'importe quel culte, même celui de la Déraison, qui ne manque pourtant pas de temples un peu partout, même et surtout dans l'immeuble national au bout du pont.

En tout cas la tourmente de 93 laissa la plupart des monuments dans un triste état. Il suffit de regarder les estampes du temps pour s'en rendre compte. Partout des ruines. Le XIXe siècle eut donc beaucoup à nettoyer, et à restaurer hâtivement, tant bien que mal. C'est une circonstance très atténuante pour ses méfaits.

Mais la pauvre Cité pourtant ! N'est-il pas temps de s'arrêter et d'en empêcher la définitive modernisation ?

Si l'âme du Passé devait quelque part, dans ce Paris immense et international, conserver un refuge inviolable, n'était-ce pas bien l'endroit ?

Comment pourtant supposer que dans le banal et lourd encadrement moderne, imposé comme écrin à l'illustre cathédrale, joyau ciselé par le moyen âge en la vieille île des Nautes, des Chanoines, des Parlementaires et des Rois, comment supposer que les fantômes d'une histoire si touffue : rois, chevaliers, princes, princesses, reines fraîchement épousées, nobles dames, empereurs, prévôts, échevins, conspirateurs, séditieux, massacreurs et massacrés, moines, ligueurs, terroristes, vont oser s'aventurer, et que le rêveur, — s'il reste quelque échantillon de cette espèce condamnée — pourra encore apercevoir leurs ombres vagues errant sur l'asphalte ou le pavé de bois, au hurlement discordant des trompes, au crispant tintamarre des trams électriques...

Donc de nos jours tout le lacis enchevêtré de vieilles rues étroites et de ruelles tournantes qui tenait tout l'espace entre Notre-Dame et le Palais, a été complètement rasé, on a construit à la place quelques pâtés de bâtiments administratifs, les Casernes de la Garde Républicaine, le Tribunal de Commerce et le Nouvel Hôtel-Dieu, considérable et pesant, un édifice qui tient de la place et qui serait bien mieux ailleurs, pour mille et une bonnes raisons.

Il y avait dès les environs de 1775, des projets pour transférer l'ancien Hôtel-Dieu au large de Paris, dans l'île aux Cygnes, à Grenelle, qui était la campagne alors, et très probablement, sans la Révolution, la chose eût été faite.

Le XIXe siècle qui parla beaucoup d'hygiène en se vantant de l'avoir inventée, et qui tailla, découpa et rasa tant et tant à travers Paris, n'aurait pas dû, puisqu'il démolissait d'un air très dégoûté l'Hôtel-Dieu du moyen âge, le reconstruire cent mètres plus loin.

Comme embellissement, pendant que très heureusement on le démolissait, cet ancien Hôtel-Dieu, on s'empressait de faire disparaître les célèbres *Cagnards* de la berge, ces ouvertures de souterrains mélodramatiques, larges et noires arcades très *décor de théâtre*, qu'on a remplacées par un mur immense et bête tout nu ; — ces vieux souterrains, cinquièmes dessous de l'île, sur lesquels tant de légendes couraient, personne ne les verra plus, mais ils existent encore derrière ce mur,

Les Cagnards de l'Hôtel-Dieu.

comme ils existent encore rive gauche, dans le dernier bâtiment du vieil Hôtel-Dieu, resté debout entre la Seine et la rue de la Boucherie.

C'était un réseau de grands caveaux sous d'énormes voûtes, de couloirs tortueux se ramifiant de tous côtés, coupés d'escaliers mystérieux, de passages grillés; il y avait là-dessous au niveau de la Seine, quelquefois, pendant les crues, au-dessous du flot trouble, des étuves, des lavanderies, des magasins, des celliers, la boulangerie, la boucherie et la rôtisserie, les cuisines et la salle des morts et bien d'autres services, et bien d'autres choses, sans compter tout ce qui s'y cachait en contrebande, tous les intrus qui en tiraient parti ou y cherchaient asile, pirates de Seine, malandrins, bandits, étudiants voleurs de cadavres pour la dissection, insurgés des grandes commotions.

Il se tient maintenant des congrès dits de l'*Art public*, ou de l'*Art dans la rue*. Il n'est que temps de leur faire produire quelque chose et de propager la saine réaction contre toutes les erreurs, toutes les mauvaises choses si complètement triomphantes pendant le dernier siècle. Ce pauvre XIXe siècle, dont la jeunesse fut bien tourmentée et qui occupa ses belles années à démolir tout ce que ses ancêtres avaient mis tant de soin et pris tant de peine à bâtir, institutions séculaires ou monuments vénérables, se trouva fort en peine quand il s'agit de reconstruire.

Ayant oublié les principes posés par les vieux, ses prédécesseurs, il bousilla, tâtonna, erra lourdement et longuement.

Pour l'ornement des rues, places et boulevards, il semble bien qu'il ne voulut pas connaître d'autres éléments décoratifs que les kiosques divers, bureaux d'omnibus, colonnes utilitaires et autres édicules. Oh! ces colonnes d'un préfet dont le nom en est devenu presque shoking, alternant majestueusement avec les becs de gaz et offerts à l'admiration de l'Europe!

Quand ce diable de XIXe siècle, qui avait l'imagination décorative si courte, voulait soigner particulièrement un emplacement et lui compléter une allure artistique et monumentale, il allait jusqu'au chalet modèle riche, également utilitaire.

Il avait hérité de la simple potence à reverbère, laide peut-être mais pittoresque, et il inventa le bec de gaz à console de fonte. Son descendant y ajoute le trolley et le gribouillis dans le ciel des fils téléphoniques.

Et ce n'est pas fini, pour le terrible téléphone, ce n'est même qu'un commencement, très probablement un jour, Dieu lui-même, de là-haut, ne pourra plus nous apercevoir et ce sera bien le moment de ne plus se gêner.

Il est une vérité reconnue depuis longtemps par tout homme ayant un tant soit peu de sens artistique c'est que tous les édifices aux belles proportions, les vastes nefs, les porches gothiques flanqués de hautes tours, gagnent à être entourés de logis modestes adossés aux portails, accrochés entre les contreforts ou rangés devant les hautes façades délicatement ouvragées, couvertes de sculptures de la base au faîte et hérissées là-haut de centaines de pinacles, de fleurons et de pointes.

Il est non moins reconnu que ces pauvres monuments, les malheureuses églises, perdent considérablement à tous les travaux de dégagement, à toutes les amputations sous prétexte de propreté et d'embellissement, qu'on s'obstine à leur faire subir. Les modestes bicoques d'autrefois donnaient de l'échelle au monument, du mouvement, de l'imprévu, du pittoresque, elles faisaient valoir la taille des hautes cathédrales, leur richesse, et toutes les beautés que le regard découvrait peu à peu, détail à détail.

Cela est l'évidence même. Et néanmoins, en dépit de tout ce que l'on peut dire, il semble que l'idéal soit de dégager de son milieu tout monument important, et de le servir tout seul, bien net et bien brossé, sur un plateau.

C'est ce que l'on a fait ici. On a tout rasé. Au lieu du Petit parvis d'autrefois, auquel on accédait après avoir passé lentement par des rues étroites, ménageant le coup de surprise pour la grande envolée d'âme des merveilleuses architectures de la façade, on a une immense place vide qui diminue l'église, un plateau correct et froid, refroidi encore par les blocs de hautes constructions massives, énormes et monotones des casernes et de l'Hôtel-Dieu.

Il a été question sous prétexte d'embellissements de tailler l'avant de la Cité, la pointe du terre

Sur un plateau.

plein d'Henry IV en forme de galère romaine et d'y dresser sur la proue la Victoire de Samothrace du Louvre. C'est un superbe morceau de sculpture antique que ce vieux débris, qui semble avoir succédé dans l'admiration publique — il y a de la mode dans tout — à la pauvre Vénus de Milo ; mais vraiment, cette Victoire ailée n'est pas tout à fait assez française et assez de Paris pour figurer ainsi au gaillard d'avant de la nef parisienne. Si l'on doit tailler l'avant du terre plein en proue de navire, qu'on en fasse plutôt la nef gothique du vieil écusson. Il y a déjà en arrière de la place Dauphine, la façade de la Cour d'Assises qui détonne singulièrement dans l'ensemble du Palais. A quoi rime cet énorme temple égyptien? Que fait-il à Paris? Sommes-nous à Denderah? Va-t-on juger là-dedans des cambrioleurs de Memphis?

Suivant un autre projet, un dernier groupe de maisons sur le boulevard du Palais, près du Pont Saint-Michel, doit disparaître prochainement. Mais de ce côté il y aurait lieu de se réjouir, car on élèverait sur l'emplacement, pour cadrer avec la Tour de l'Horloge à l'autre angle du Palais de Justice, un bâtiment dans le même caractère, avec une tour d'angle de hauteur moindre.

Quand on regarde au dehors, partout, dans les vieux pays voisins, partout dans le champ de l'Art, pour ne parler que de l'Art, les peuples reviennent à leurs traditions purement nationales et y puisent un renouveau de sève qui fait jaillir du vieil arbre des pousses nouvelles.

Le Traditionalisme triomphe, tout en fuyant le pastiche et en se montrant franchement moderne.

L'art doit être particulariste. Cette Renaissance est triomphante en Allemagne, en Belgique avec le style flamand, en Angleterre avec le Tudor continué et développé. Une telle Renaissance serait à souhaiter aussi pour nous. Il faudrait restaurer la tradition, toutes les traditions, au lieu de renier les gloires d'autrefois, de bousculer le peu qui nous reste encore du passé et de chercher à en effacer obstinément toutes les traces. L'idéal n'est pas de devenir un peuple amorphe, sans couleur et sans cohésion, une agglomération inconsciente et vague.

Pour a place du Parvis.

V

ON DEMANDE UN WESTMINSTER PARISIEN

Paris a un Panthéon, mais il n'a pas comme Londres un Westminster, triomphal champ de repos de toutes les gloires de l'Angleterre, où, sous les voûtes glorieuses de l'antique Abbaye, illustrées par tous les souvenirs de la vieille monarchie anglaise, sont réunis en des tombeaux et monuments de tous les âges, simples pierres tombales ou fastueux décors de marbre, rois, reines, princes, heureux et malheureux, sanglants et tragiques, brillants et superbes, guerroyeurs fameux, marins découvreurs de mondes, poètes, historiens, écrivains conquérants de la pensée, hommes d'état, orateurs, artistes, tout ce que l'Angleterre a produit de grand, de magnifique, d'éclatant depuis les premiers Edouard jusqu'à Victoria, de Shakespeare à Dickens, des guerriers d'Azincourt à ceux de Karthoum.

Westminster et la Tour de Londres, c'est la Vieille Angleterre du passé qui regarde vivre, s'agiter, travailler et grouiller celle du jour; des millions d'êtres vivants qui dans l'immense chaudière fumeuse agissent ou pensent, quelques-uns, touchés au front par la gloire, viendront un jour augmenter la population de statues ou de simples bustes qui remplissent l'Abbaye des morts illustres.

Westminster, c'est l'église Notre-Dame de Londres. Il y a bien Saint-Paul qui est la cathédrale, Saint-Paul est aussi laid, aussi froid et aussi vide que le Panthéon qui est notre Westminster, mais toujours à demi-voilé par la fumée, il garde quelque modestie. Pourquoi ne pas faire de Notre-Dame et de l'immense espace vide qui est devant elle, notre Westminster ? Puisque la vieille Cité, en dehors de Notre-Dame et du Palais, n'existe plus, qu'elle a été rasée ou étouffée, avec ses deux mille

Aux Grands Hommes la Patrie reconnaissante.

Les caves du Panthéon.

ans de souvenirs, sous des blocs de banales constructions, essayons donc de mieux employer, pour l'honneur de Paris et de la France, ce qui reste de cet espace sacré, point central de la nationalité française.

Oui, il y a le Panthéon là-bas sur la montagne. D'abord cet énorme entassement de pierre, tombeau des gloires nationales, n'a rien de national, dans sa physionomie. C'est une importation étrangère, comme Saint-Paul de Londres, une mauvaise imitation, un mélange confus de monuments romains, un indigeste et maussade gâteau de Savoie que la pauvre montagne Sainte-Geneviève a sur l'estomac depuis cent vingt ans, à la place de la vieille église où dormait le farouche Clovis, le fier Sicambre fondateur de l'église en l'honneur du Dieu de Clotilde, où dormaient Clotilde et bien d'autres princes, à côté de la douce Geneviève, patronne et sauvegarde de Paris depuis les temps Mérovingiens.

L'Eglise Sainte-Geneviève, des collèges et un certain nombre de jolies chapelles gothiques aux flèches effilées ont été démolies, et Soufflot a entassé sa montagne de pierres.

C'est là-dessous que nous mettons nos gloires, non pas là-dedans, mais là-dessous, au plus profond des caveaux, pour qu'elles ne remontent pas et qu'on n'en parle plus ! Enfoncé le grand homme ! C'est inimaginable et c'est ainsi pourtant. Nous mettons nos grands hommes en cave. Pourquoi pas tout de suite, les précipiter un étage au-dessous, dans les Catacombes qui sont moins rarement visitées. Il y a bien de quoi d'ailleurs arrêter la production des grands hommes, et il n'est pas surprenant que pour en posséder on soit obligé à présent, comme à la conscription, d'abaisser la taille.

Mais le Panthéon, où la Patrie reconnaissante range ses grands hommes officiels, est si peu un Panthéon qu'on le laisse presque entièrement vide, les occupants des caveaux sont bien peu nombreux, et bien cachés, tels les Pharaons au fond de leurs Pyramides. Deux douzaines d'illustres parmi lesquels pas mal de fonctionnaires du premier Empire, c'est un faible effectif à mettre en regard de la myriade de tombes illustres réunies dans la nef, le cloître et les diverses chapelles de Westminster. Et encore il y a des cercueils vides, comme ceux de Voltaire et de Rousseau dont les corps ont été cambriolés, car la cave est mal tenue et peu sûre. Marat qui y fut également déposé, est égaré fort heureusement dans quelque égout.

Mais enfin on y a mis Victor Hugo qui, justement et naturellement, n'aimait pas le Panthéon et qui serait si bien à Notre-Dame.

Et comme, malgré tout, on sent vaguement combien est choquante cette extraordinaire façon d'honorer les grands hommes en les dissimulant au fond d'une cave, au lieu de chercher à perpétuer leur souvenir par des monuments visibles, et de faire ainsi participer leur ombre et leur effigie à la vie des siècles respectueux, on élève dans des rues, sur des emplacements où généralement elles n'ont que faire, des monuments à des gloires pour lesquelles le Panthéon officiel à l'enseigne des Grands Hommes, semblerait un hommage démesuré.

Ces gloires que l'on juge de second plan jouissent du grand soleil; en vedette sur leurs socles, elles continuent de vivre dans l'esprit des générations qui passent, elles sont donc mieux traitées que les illustres et infortunés emmurés du Panthéon, que l'on considère pourtant comme de plus haute envergure. Non, cessons de les envoyer à la cave, ou au banal cimetière, arrêtons l'éparpillement au hasard au Père-la-Chaise, à Montparnasse, à Montmartre et aussi la plantation à travers Paris, car pour les statues de la rue, une fois toutes les bonnes places attribuées, enverra-t-on les prochains grands hommes statufiés à Grenelle ou à la Villette pour décorer la place des Abattoirs?

Combien serait plus convenable sous tous les rapports, plus digne d'une nation vraiment consciente et respectueuse de ses gloires, la réunion de toutes les vraies illustrations, quand le jugement de la postérité n'est pas douteux et que l'infâme politique est jetée de côté, — dans une espèce de

Campo-Santo spécial, où pourraient se trouver comme à Westminster, des compartiments particuliers pour les hommes de pensée ou d'action, pour les gloires militaires, ou pour les savants, les victorieux conquérants des secrets de la Nature, — avec le coin des Arts, un Parnasse des poètes qui serait vraiment, ainsi compris, un lieu de rêve, une espèce de temple pour les pèlerins de l'idéal.

Ce Campo-Santo serait à sa vraie place devant Notre-Dame, dans cette île berceau de Paris et de la civilisation française; le vaste espace du parvis conviendrait admirablement comme emplacement pour un Westminster français, avec son sol tout imprégné d'histoire et les deux mille ans de souvenirs qui planent autour des vieilles pierres gauloises, gallo-romaines et françaises. Il y a même déjà un Charlemagne qui est venu s'y placer tout seul instinctivement, comme pour montrer le chemin.

La transformation de la place du parvis en elle-même n'entraînerait pas de gros travaux puisque le sol est tout préparé, il n'y aurait qu'une sorte de galerie de cloître à grandes ouvertures à construire sur le quai, directement au-dessus de la Seine.

Le rêve ce serait l'enlèvement de l'Hôtel-Dieu, là-dessus tous les hygiénistes sont d'accord, c'est une mesure qui s'imposera un jour ou l'autre, la présence d'un hôpital au centre même de la grande ville place les malades en mauvaises conditions au point de vue de l'aération, et constitue un danger pour le quartier, une perpétuelle menace d'épidémie.

C'est l'art de conserver soigneusement microbes et bacilles et d'en opérer la diffusion aux alentours, dans les arrondissements circonvoisins, au hasard du vent qui souffle.

Le moyen-âge était sans doute forcé d'établir ses hôpitaux où il pouvait dans la ville fermée ; il ignorait moins qu'on ne pense les grands principes d'hygiène que l'époque moderne croit avoir trouvés, la preuve en est dans les maladreries éparses dans les campagnes, — le principe du grand air — et dans les hôtels-Dieu qui nous sont parvenus bien complets en quelques petites villes de province, comme à Beaune par exemple, où n'était pas à redouter le terrible encombrement que l'accroissement de la population avait amené dans les hôpitaux de Paris.

La pointe sinistre

VI

L'EMPLACEMENT DE LA MORGUE

Quel est dans tout le vieux Paris historique compris dans les boulevards intérieurs, des Tuileries à la Bastille, de la Porte Saint-Denis à la Porte Saint-Jacques, le point le plus magnifique, celui qui constitue à la fois un merveilleux décor d'architecture et un incomparable paysage d'histoire?

Pour cela il n'y a pas de doute, l'emplacement le plus admirable et le plus splendidement encadré, le plus bel endroit de Paris, pour vivre, rêver et regarder, c'est la Morgue.

A la pointe de la Cité, à l'endroit où la Seine arrivant des provinces de Bourgogne et de Champagne, vient battre les vieilles fondations des murailles de Lutèce et peut-être encore quelques restes des pieux des remparts gaulois, devant la majestueuse abside de la cathédrale, les fenestrages transparents, les arcs boutants d'énorme envergure, la flèche qui s'effile dans les nuages, et les grosses tours hérissées de mille sculptures, apparaissant le matin dorés par les aurores ou sombrant dans la pourpre et le sang des soleils couchants, c'est là qu'on a mis, comme premier plan à toutes ces splendeurs, de façon à ne pouvoir les en détacher, la Morgue, la maison sinistre des cadavres, des épaves de la Seine ou de la rue, l'hôtel des malheureux noyés ou assassinés!

Aucune vue de Notre-Dame du côté de l'abside ne peut être faite sans que la Morgue ne tienne en avant la plus grande place. Aucun tableau, aucun croquis, aucune photographie ne peut se passer de la Morgue. Peintres, levez-vous et dites-le, et appelez les photographes en témoignage. Ceux-ci, on les croira, peut-être! Il semble que l'objet principal de toute vue prise de la magnifique abside soit la Morgue d'abord, la Morgue, spécialement, avec Notre-Dame par dessus le marché.

On aurait voulu dans cette pauvre vieille Cité

Un Monument à la Vieille France.

accumuler les tristesses qu'on n'aurait pu trouver mieux : l'Hôtel-Dieu d'un côté, la Morgue de l'autre ! Toutes les manières de mourir, naturelles et violentes, noires et rouges, la maladie et le crime, le microbe et le couteau. Comme si ce n'était pas assez des tribunaux et des prisons qui sont à l'autre bout.

Singulier emploi de la vieille et glorieuse île. Si cela continuait, bientôt ne viendraient plus dans la Cité, n'y auraient plus affaire que les malandrins qui vont se faire juger, les pauvres malades allant en civière ou voiture d'ambulance urbaine à l'Hôtel-Dieu, le triste suicidé ou assassiné tiré du fond de la Seine, et Notre-Dame ne servirait plus que pour leurs services funèbres !

Là-bas, pour les tribunaux, il y a une jolie prescription, quinze ou seize cents ans, mais ici, trente ou quarante ans pour la Morgue et pas davantage pour l'Hôtel-Dieu. Tous les deux sont des embellissements, ils embellissent Notre-Dame depuis le règne transformateur du baron Haussmann, un grand chirurgien qui, on le sait, a enlevé à Paris toutes ses verrues.

Sans doute il en a enlevé, nous le reconnaissons, en démolissant quelques pustuleux quartiers, mais dans tous les cas il en a ajouté une ici, car la Morgue peut passer pour une forte verrue, si grosse et si laide, si triste et si répugnante n'importe où, mais surtout ici, qu'à la fin on s'en est effrayé, malgré quarante années d'habitude, et que l'on parle depuis peu de l'extirper.

Avant la Révolution la Morgue occupait un petit bâtiment donnant dans le passage qui continuait la rue Saint-Denis à travers le Grand-Châtelet. A la démolition du Châtelet sous l'Empire, il fallut bien la loger quelque part et elle fut transférée dans un ancien Corps de garde sur la Seine, au quai du Marché-Neuf.

On ne la trouvait sans doute pas agrémentée d'une assez belle vue, puisque dans les grands travaux du second Empire on lui aménagea tout spécialement ce balcon magnifique.

Cette pointe de la Cité assombrie, aujourd'hui, par la hideuse Morgue, c'était au moyen âge la Motte aux Papelards, un terrain vague en avant de l'Evêché avec un abreuvoir au pied des murs du cloître. Plus tard ce terrain solidifié par une muraille fut le jardin des chanoines. En arrière, juste au pied de l'abside se trouvait le petit cloître et la minuscule église Saint-Denis du Pas, dont le petit clocheton n'arrivait pas à la hauteur des verrières de la cathédrale.

Cette pointe orientale de la Cité, si l'on pouvait la débarrasser de la Morgue, ferait une admirable terrasse sur la Seine dans la gaîté du soleil levant, avec la vue mouvementée des quais, sur la gauche le joli développement au soleil de la rive sud de l'île Saint-Louis, l'ancienne île Notre-Dame devenue quartier bâti au XVIIe siècle, et sur la droite le vieux pays latin, le quartier de l'Université, la Montagne Sainte-Geneviève que dominent la tour de Saint-Etienne du Mont et le Panthéon.

La Seine entrait ici dans le Paris de jadis et trouvait le vieux navire des Nautes à son ancrage, la glorieuse île de Lutèce rattachée à la terre ferme par ses ponts à maisons et moulins, la Cité berceau de tant de choses, berceau de Paris, berceau de la monarchie et de la nationalité françaises.

On s'aperçoit aujourd'hui qu'il a été fait un singulier emploi d'un tel emplacement sous les splendeurs gothiques de l'abside de Notre-Dame, et l'on commence à parler d'en faire partir la Morgue. Qu'elle s'en aille donc et le plus tôt sera le mieux, qu'elle se dissimule un peu en quelque coin des berges et qu'enfin le chevet de Notre-Dame en soit débarrassé!

C'est déjà bien assez des hautes maisons neuves qui écrasent l'île sur le côté Nord, pour nuire à l'aspect et au caractère de ce superbe paysage parisien.

Cette terrasse reconquise n'appelle-t-elle pas un monument qui symboliserait en quelque grande œuvre de sculpture le rôle de la Cité dans l'histoire et rappellerait que si la France existe, cette petite île, miette de terre au fil de l'eau, fut le noyau autour duquel la France se construisit, la première assise de l'édifice immense élevé lentement au cours de longs siècles par le labeur et le courage de cent générations.

Un monument ici à la vieille France, en même temps qu'il serait un hommage aux ancêtres, consacrerait ce coin du sol de la Cité, château d'arrière de la nef gothique et sauverait définitivement le plus noble des paysages parisiens, le premier de tous par l'antiquité, par le prestige des souvenirs, par la splendeur des architectures.

Sur le soubassement magnifique contre lequel la Seine se partage en deux flots, dressons une masse robuste à silhouette nettement détachée sur les verdures du jardin de l'abside, avec une grande Gallia en haut et des statues pour l'accompagner : Vercingétorix, Duguesclin, Jeanne d'Arc, Turenne, de grandes figures incontestées celles-là — sauf peut-être par quelques Thalamas, — des écussons de provinces en ceinture armoriée sous les balustrades — et voilà.

Ceci ou autre chose si l'on veut, mais quelque chose de solide, pour bien tenir la place, pour empêcher de surgir quelque désastreux bureau de tramway ou kiosque quelconque.

Ce serait le monument du passé, l'île n'est elle-même qu'une immense relique de jadis et ne peut échapper à la banalisation qui ne l'a déjà que trop endommagée et qui la menace toujours, qu'à la condition de devenir quelque chose comme le reliquaire de la tradition !

Notre-Dame, la Sainte Chapelle, le Palais, reliquaires, et non pas épaves en perdition! L'île tout entière est monument historique. Un Westminster pour les hommes illustres au milieu, un monument à la Vieille France à l'arrière.

Le vaisseau de Lutèce ne doit pas être dépecé par les naufrageurs, il doit continuer à flotter, centre vénérable et respecté de la grande ville qui se développe sans arrêt, s'élargit, s'étale, envahit les plaines, grimpe aux collines jadis lointaines, et pousse partout des faubourgs, opulents ou travailleurs, au delà de l'horizon bleuâtre.

La flèche de Notre-Dame

Un jour...

VII

PRIÈRE DEVANT LA CATHÉDRALE

Anticipations. Peut-être un jour, des siècles nombreux ayant coulé, des ouragans de peuples ayant passé, cyclones destructeurs, ou simplement le souffle d'idées desséchantes comme des simouns, la pauvre vieille cité que nous trouvons trop rajeunie, trop reconstruite, se trouvera de nouveau vieillie, de nouveau ridée, ou plus que ridée, éventrée, effondrée, démolie, et pour tout de bon supprimée.

Pour célébrer la pacification du globe, des hordes l'auront rasée, ou bien Paris, continuant sa marche vers l'Ouest, sera déjà presque arrivé au Havre, il aura en route oublié son noyau primitif et laissé le vieux navire symbolique à son antique ancrage.

Des tas de décombres ont agrandi l'île, formé des plages et construit des monticules sur lesquels de grands arbres balancent dans la brise leur panache de feuillage; une folle végétation court dans les bas-fonds, fleurit les ravins bosselés de débris, au fond desquels s'ouvrent comme des antres des trous noirs, sous de vagues arcades ogivales demi-ensevelies, promesses de joies intenses pour les archéologues futurs. Des chèvres gambadent irrespectueusement sur des morceaux de sculpture tombés de monuments inconnus, sur des chapiteaux ou des fragments de balustrades.

La Cité est redevenue pittoresque comme en sa prime jeunesse. La Seine enserre amoureusement son vieux Paris, il ne reste pas grand'chose de ces quais sévères et rectilignes, orgueil des ingénieurs des ponts et chaussées; elle est redevenue claire et propre, il y a même des roseaux que le flot balance et des martins-pêcheurs qui filent dans les oseraies.

Tout est frais et charmant. Ce paysage d'eaux

silencieuses, de verdure et de ruines invite à la rêverie.

Alors par un frais matin, ou si vous voulez, par quelque belle vesprée, un Renan du xxxe siècle aborde en l'île, conduit par un batelier, arrière-descendant des Nautes.

Ce Renan d'une époque encore bien loin dans le futur, est peut-être d'une autre race que la nôtre. Souhaitons bien vite qu'il ne soit pas jaune.

Et il songe, et il médite, contemplant tous ces fragments épars, tous ces champs de décombres par dessus lesquels s'érige, puissante, colossale et fière, la ruine d'un temple que le soleil s'attarde à caresser, et qui donne au paysage un caractère de majesté mélancolique.

Les portails mystérieux, à demi enterrés, en partie cachés sous les ronces, grouillent de lézards frétillant parmi les sculptures écornées. Par les rosaces béantes des végétations grimpantes envahissent l'intérieur écroulé ; les tours, inégales maintenant, sont fendues de grandes brèches, criblées de trous et fleuries jusqu'aux dernières pierres.

Çà et là, sous le lierre, quelque monstre de pierre à figure énigmatique, homme, harpie, guivre ou dragon, passe sa tête et ricane.

Renan regarde longuement et gravement. Il prend des notes, griffonne sur des carnets, pose son front dans sa main.

Et il écrit :

PRIÈRE DEVANT LA CATHÉDRALE

O noblesse, ô grandeur, ô beauté, splendeur des temps gothiques... ô Lumière, qui pendant des siècles rayonna sur le monde... Vous êtes la religion, vous êtes la sagesse.

Ruines vénérables, vieilles pierres qui furent la foi vivante, créées par elle et la perpétuant, qui furent l'âme et la vie, et, pour combien de générations, la pensée haute qui soulève, et douce qui console, l'art sublime ou familier...

. . . .

La main de ce Renan du xxxe siècle et de race étrangère — pas jaune, pour l'amour de Dieu, encore une fois espérons-le ! — court sur le carnet — vraiment, les Grecs en penseront ce qu'ils voudront, mais il ne dit rien de trop, l'art gothique vaut bien cela.

Et ce morceau de la littérature future, espérons qu'on n'aura pas à le translater du chinois... pour les Français du Canada.

TABLE

Imprimerie Générale de Châtillon-sur-Seine. — A. Pichat.

www.ingramcontent.com/pod-product-compliance
Ingram Content Group UK Ltd.
Pitfield, Milton Keynes, MK11 3LW, UK
UKHW021216230726
13926UKWH00003B/1060